F. PONSARD

IMPRIMERIE J. CLAYE
RUE SAINT BENOIT 7
PARIS

F. PONSARD

DISCOURS

PRONONCÉ

PAR M. EDOUARD THIERRY

Administrateur général de la Comédie-Française

POUR L'INAUGURATION DE LA STATUE DE PONSARD

PARIS

IMPRIMERIE DE J. CLAYE

RUE SAINT-BENOIT

1870

M ESSIEURS,

C'est bien ici, dans cette ville pleine de
souvenirs, au pied de ces collines que l'Italie
des Césars avait choisies pour y étager ses riants
jardins d'été, près de ce fleuve où se mirent
toujours les ombrages des grands parcs, et qui
court impatient de Lyon, la cité romaine, à
Marseille, la colonie grecque, c'est bien ici que
l'on comprend les origines du génie de Ponsard, l'ensemble de son œuvre et de sa vie.
C'est ici qu'il a dû naître. C'est ici qu'a dû se
former ce jeune et sérieux esprit, pénétré de
toutes les influences du sol et des traditions

lointaines. C'est d'ici qu'a dû partir, avec son premier poëme dramatique, ce Romain du XIXe siècle, commençant ainsi que Rome consulaire à la dernière page de l'histoire des Tarquins, à l'honneur racheté de Lucrèce, à la première heure de la liberté.

Ce fut un des bonheurs de Ponsard. Son éducation échappa aux dissipations et à la foule. Il s'éleva devant la nature et devant le passé, devant ce passé toujours présent, ces monuments qui sont des témoignages et des témoins, ces ruines qui sont redevenues une part de la nature immortelle. Le bruit de nos querelles littéraires était venu en s'affaiblissant jusqu'à lui. Il avait entendu dire que l'art ancien était condamné, que le progrès de la science historique répudiait la tragédie et ses formules d'un autre âge, qu'il y avait un nouvel art appelé à rajeunir la convention du théâtre par la vérité et la fantaisie. — La fantaisie; le jeune poëte ne comprenait pas bien ce mot de la langue du XVIe siècle, dépaysé dans la langue moderne. Quant à la vérité, quoi de plus vrai que cette Rome impérissable dont sa main touchait les vestiges, dont il parlait ici la langue avec les arcades du Forum, avec les débris du temple d'Auguste et de Livie? Ne s'agissait-il que de rendre au passé l'aspect familier du mouvement quotidien, le dialogue animé, le trait particulier du costume et des mœurs? Qui le pouvait mieux que lui? Représenter Rome vivante? Il ne la voyait pas autrement. C'est ainsi qu'elle se montrait à lui, soit qu'il lût Tite-Live ou Suétone, soit qu'il lût Juvénal ou Virgile. Il était prêt à transporter ses maîtres sur la scène, et, de même que Mme Dacier, pour rendre plus fidèlement Homère, avait emprunté le style de Port-Royal traduisant la Bible, de même, pour ne rien mêler de trop moderne à l'expression de la pensée antique, Ponsard s'était formé une langue avec celle de Corneille et de Molière.

Ce fut ainsi qu'il écrivit sa *Lucrèce,* — et, quand il l'eut écrite, sans savoir s'il avait fait une œuvre éclatante, ou seulement une œuvre qui dût paraître devant le public, il put se rendre ce témoignage, le seul qu'il ait jamais ambitionné : J'ai fait une œuvre sincère.

Modeste et précieux manuscrit de *Lucrèce*, je l'ai vu arriver devant le Comité de lecture de l'Odéon. Par quels chemins avait-il passé? Je ne sais pas; mais il n'avait trouvé aucune porte inhospitalière. L'amitié, qui l'apportait à Paris, n'avait pas demandé le chemin du Théâtre-Français, elle avait pris naturellement la route du quartier Latin. Et quelle amitié, vous le savez, Messieurs! Votre ville privilégiée avait deux poëtes nés dans une heure propice. Le même souffle qui avait passé sur Ponsard et sur Charles Reynaud n'en avait pas seulement fait deux enfants de la Muse latine, il en avait fait deux cœurs à l'image de Gallus et de Virgile. Si jamais Charles Reynaud avait songé pour lui-même à la gloire littéraire, aussitôt qu'il eut reçu la confidence de *Lucrèce* inédite, aussitôt qu'il eut été frappé de cette force du vers sobre et plein de sens, de cette résurrection du vieux passé romain, toute vanité personnelle sortit de son âme généreuse et son ambition alla se confondre dans celle de son ami. Il oublia qu'il était poëte, ou plutôt il ne s'en souvint que pour admirer

plus profondément le rhythme sévère de *Lucrèce*. Il savait la tragédie tout entière et ne
voulait plus savoir qu'elle. Il s'en était fait
le rapsode enthousiaste. Il la récitait partout.
Partout les auditeurs se pressaient autour de
lui dans ce quartier des Écoles où l'étude des
jurisconsultes ne vient qu'après celle des poëtes
de la jeunesse; et, tandis qu'à deux pas de
l'Odéon, volets fermés, gaz à demi éteint,
Charles Reynaud déclamait le songe de *Lucrèce,*
au-dessus, bien au-dessus de la salle restée
célèbre, ouvrant sa fenêtre du côté du Luxem-
bourg, rafraîchissant sa veille aux brises de
mai déjà voisin, travaillait ce cher et grand
feuilletoniste qui a toujours été fidèle à
Ponsard et qui a voulu être l'hôte de son
agonie.

Lucrèce fut un triomphe. L'œuvre de Ponsard avait pour elle de grandes choses. Elle
était robuste, saine, virile, et elle arrivait à
son heure. Le combat des deux écoles allait
cesser faute de combattants. L'ancien parti
classique avait disparu. C. Delavigne devait
bientôt mourir. Alexandre Dumas se tournait

vers le roman. L'illustre auteur des *Burgraves*
se retirait fier et blessé sous sa tente. La place
était libre. Ponsard venait naïvement la prendre, sans avoir choisi son moment, sans penser
que sa pièce allait marquer une date dans
l'histoire de nos démêlés littéraires, la date
de l'apaisement et de la fin des théories ab-
solues. L'éclat de son succès le lui fit apercevoir. Il ne tint qu'à lui de croire qu'il avait
voulu être un chef d'école. Aux applaudissements de la jeunesse qui saluait le poëte nouveau se mêlaient, avec l'ardeur de la revan-
che, les acclamations des anciens partis vaincus, exaltés par les trois défaites successives
du romantisme. La troisième était la soirée
de *Lucrèce;* la première avait été ce coup
de foudre dans un beau ciel d'été, le début
de Mlle Rachel.

Avénement de la jeune Hermione, avénement de l'auteur de *Lucrèce*, ces deux
avénements d'un art où la règle et la vérité
reprenaient également leurs droits se répon-
daient directement à cinq ans de distance.
Même sûreté de goût, même respect des

grandes origines, même simplicité d'attitude, même franchise, même brusquerie d'expression, même idéal de beauté sans artifice et en dehors des grâces convenues. — Telle s'avançait l'admirable tragédienne du pas dont marcherait une statue vivante, les bras accoutumés à la pose élégante du marbre, les plis de la tunique à peine animés autour d'elle, l'œil brillant d'un feu sombre qui s'allume, le front, comme l'épi sous le poids du grain, penché sous le poids d'or de la pensée ; telle procédait la poésie de Ponsard, réglée sur un rhythme précis, ferme en son dire, calme et grave, parlant avec l'autorité de la sagesse qui ne change pas et l'accent profond de la prêtresse inspirée.

D'où vient donc que ces deux affinités supérieures n'allèrent pas sur-le-champ l'une à l'autre ? D'où vient qu'elles ne se rapprochèrent pas en se reconnaissant ?

Le jour de ses débuts, la jeune tragédienne avait fait un vœu cruel à la Fortune. Elle lui avait promis de ne consacrer son talent qu'au passé, et c'était à ce prix, elle le croyait du moins, que la Fortune devait lui rester fidèle.

Le poëte, en retour, avait l'orgueil inquiet et délicat de la timidité. Il avait besoin d'être prévenu. Il avait besoin de ce dévoûment qui lui avait tout préparé jusque-là, et auquel il s'accoutumait naturellement..., il l'inspirait de même. Assurément il avait tracé la figure d'*Agnès de Méranie* en pensant à Mlle Rachel ; mais, sur le point de lui offrir ce rôle charmant et passionné, le plus beau peut-être qu'il ait écrit pour une femme, il craignit de ne pas trouver l'accueil auquel il avait droit de s'attendre. Il pressentit la défiance et la froideur, un secret parti pris de ne rien hasarder, les suggestions d'un entourage travaillant en dessous. Pourquoi s'exposer à ces froissements et à ces malaises? Si le grand talent est une grande force, la confiance est une force aussi. Qui donc aurait eu confiance au succès d'*Agnès de Méranie,* si ce n'étaient les acteurs qui avaient remporté la victoire de *Lucrèce?* Où était la foi du public, si ce n'était dans cette même jeunesse qui avait retenu les mâles leçons de

Brutus à Collatin? D'ailleurs, que l'Odéon fût ou non en mesure de représenter dignement *Agnès de Méranie*, l'Odéon n'avait-il pas porté assez haut la gloire naissante de Ponsard, pour que Ponsard à son tour le couvrît de sa gloire? L'Odéon joua *Agnès de Méranie*, et la dette du poëte fut acquittée. Il avait donné au théâtre une nouvelle œuvre de maître, supérieure dans toute la seconde partie. Le théâtre ne lui avait rendu qu'un succès du premier soir, atteint par les inégalités de la représentation. Mais quelle représentation de tragédie n'eût paru défectueuse, en 1846, auprès de Mlle Rachel et de ses solennités? Ponsard tourna de nouveau les yeux vers la grande tragédienne et vers la Comédie-Française.

Le dirai-je? Il y a deux natures d'esprits qui se partagent le domaine du théâtre. Les uns, souples et adroits, ont en quelque sorte leur talent dans la main comme un instrument qu'ils manient à leur gré. Ils se possèdent. Ils savent leur mesure. Ils y ajoutent tout ce qu'ils s'assimilent. Ils peuvent tout entreprendre et réussir à tout. Ils tirent d'eux plus qu'il ne leur avait été donné. Mais quoi? si ce qu'ils produisent est supérieur à leur talent, qu'importe qu'ils soient eux-mêmes inférieurs à leur œuvre?

D'autres, — et le grand Corneille était l'aîné de la race, — d'autres ne sont pas maîtres de leur génie. Ils ont, comme disait Boileau, un démon auquel ils appartiennent, qui les emporte dans la nue ou les abandonne à son loisir. Démon sublime quand il dicte les « Qu'il mourut! » sa malignité s'est bien amendée depuis deux siècles. Il abandonne moins brusquement, sans doute, ceux qu'il n'emporte plus aussi haut, toutefois il n'a pas cessé d'être leur tyran. Il fait leur force et leur grandeur ; mais ils ne peuvent rien ajouter à cette grandeur par artifice et par industrie. Ils ne dirigent pas comme il leur plaît cette force qui n'obéit guère. Leur génie est une autre forme de leur conscience. Il en a le caractère inflexible et ne se prête pas davantage aux accommodements. Ne demandez pas à Corneille une Bérénice qui ressemble à Mme Henriette d'Angleterre ni un Titus qui ressemble à Louis XIV.

C'est en vain que Madame a voulu être comprise, le grand poëte ne l'a pas entendue et se perd inutilement dans les recherches d'une histoire dont personne ne se soucie. Ponsard se demandait à lui-même un rôle pour Mlle Rachel; il ne comprit pas son propre désir : il ne comprit que le mouvement d'enthousiasme qui le poussait à souffler la vie sur les morts de la grande époque révolutionnaire, et il se trouva surpris, — tout le monde l'avait deviné cependant, — de ce que la fière Melpomène n'osa pas échanger son diadème de camées antiques contre le bonnet normand de Charlotte Corday.

Charlotte Corday ! Tout Ponsard est dans cette grande et mâle étude dramatique, comme il est dans ce mécompte imprévu et si aisé à prévoir; mais l'ingénuité, l'ingénuité de Corneille et du génie, était le fond de sa forte nature. En dehors même du but qu'il s'était proposé et qu'il ne pouvait pas atteindre, que de raisons pour ne pas s'arrêter à un sujet de ce genre! *Lucrèce* devenue suspecte au pouvoir plus contesté et plus ombrageux, *Agnès de Mé-*

ranie supprimée ou écartée à cause de ses imprécations contre Rome pontificale, son théâtre interdit, tous ses intérêts en souffrance, auraient dû l'avertir qu'il n'est pas prudent de donner la réplique sur la scène aux passions politiques. Je sais bien qu'on entrait alors dans des temps nouveaux. La royauté avait disparu dans un orage. L'image de la république était l'emblème et le sceau de l'État. Il n'y avait plus rien de séditieux à montrer une histoire qui ne semblait plus une menace. Toutefois, était-il si difficile de soupçonner que la société française, surprise par les événements de 1848, ne traversait pas la situation sans quelque autre pensée? Ne sentait-on pas au moins que si la jeune démocratie rassurait les esprits par sa clémence, l'inquiétude venait de plus loin et se réveillait au souvenir de l'ancienne légende révolutionnaire?

Les fantômes du poëte allaient effrayer le public, qu'il ne faut jamais éloigner. On le lui disait. Objections inutiles. Le sujet s'était emparé de lui. La possession avait commencé. Il ne pouvait plus renoncer à son dessein. D'ailleurs, que cherchait-il dans l'art? L'union de la grandeur et de la vérité. La vérité, la grandeur étaient là, dans cette terrible et héroïque époque, assez loin pour que la vérité eût déjà sa grandeur, assez près pour que la grandeur n'eût rien perdu encore du caractère de la vérité. Et puis il l'abordait, cette histoire de la première révolution, avec une sérénité, avec un charme de sympathie incomparable. Comment eût-il pensé que son œuvre pût servir de terrain aux passions ardentes, lorsque lui-même était au-dessus de toute passion, ou du moins lorsqu'il n'avait d'autre passion que le patriotisme? C'est par l'amour de la patrie, par l'amour de la terre sacrée, qu'il entre en commerce avec les vaincus et avec les vainqueurs, avec les persécuteurs et avec les victimes. L'Élysée des anciens confinait à leurs enfers : la *Charlotte Corday* de Ponsard est comme un Élysée de la Révolution. Ils y revivent, ces morts frappés tous avant le temps, mais calmes, pacifiés, entourés d'un rayonnement qui suit leurs ombres. Ils revivent, et le poëte passe au milieu d'eux en les admirant.

Ils ont tant de côtés qui répondent aux déli-
catesses de son esprit! Ceux-ci sont girondins,
épicuriens gracieux qui avaient rêvé la république comme une aristocratie des intelligen-
ces et qui causent de la nouvelle Athènes dans
le salon de Mme Rolland ainsi que les Grecs du
temps de Périclès dans le boudoir d'Aspasie.
Cette jeune fille est une petite-nièce de Corneille. Elle lit Jean-Jacques Rousseau, seule,
devant la moisson que quitte le faucheur, devant le soleil adouci qui se couche. Et quand
elle apparaît à Barbaroux pour lui indiquer
son chemin, parlant comme lui la douce langue
de Théocrite ou d'André Chénier, l'entretien
qu'ils échangent dans la campagne silencieuse
est une églogue antique.

Est-ce tout? Non. Le poëte n'est pas des-
cendu parmi les limbes du passé pour n'y con-
verser qu'avec les ombres pures. Aussi bien la
main qui tue appelle la poitrine frappée. Au
bout du couteau de Charlotte Corday il y a né-
cessairement Marat, et Ponsard ne recule pas
devant ce triumvirat proscripteur : Marat,
Danton, Robespierre. Mais quoi? Les proscrip-

teurs sont eux-mêmes des victimes désignées. Le crime de Charlotte Corday n'est qu'un crime inutile. La mort a déjà mis la fièvre sur Marat. Elle étend la main vers Danton, et, lorsque Danton sera tombé, elle arrachera bientôt l'appareil qui soutient la mâchoire brisée de Robespierre. Ce n'est pas l'effroi, ce n'est pas non plus la colère qui plane sur le drame impartial de *Charlotte Corday;* à côté de l'admiration c'est la pitié. On a dit de Racine qu'il a peint les hommes tels qu'ils sont, Corneille tels qu'ils devraient être ; Ponsard a peint les hommes de la Révolution tels qu'ils ont voulu être, et pas un d'eux ne récuserait le témoignage qu'il a rendu de lui devant la juste postérité.

Pour Ponsard, la Révolution est ce que fut l'*Iliade* pour les maîtres de la tragédie grecque. A seize ans de distance de *Charlotte Corday,* après *Horace et Lydie,* car il y eut un jour enfin où Mlle Rachel entra pleine de charme et de séduction dans une délicieuse idylle de Ponsard, — rien qu'une idylle, il est vrai, — la paraphrase de la douce chanson du poëte romain,

« *Donec gratus eram* », si souvent reprise par Molière,

Après *Ulysse*, ce chant de l'*Odyssée* traduit avec bonheur dans sa grâce pastorale et primitive,

Après *l'Honneur et l'Argent,* cette comédie si simple et si forte, dont le premier acte est taillé sur le modèle du *Misanthrope* et où court dans toute l'œuvre le même grand souffle de passion et de probité,

Après *la Bourse,* cette haute leçon de morale, qui valut à votre bien-aimé compatriote l'honneur public d'un remercîment venu du trône,

Après *Ce qui plaît aux femmes,* ce jeu du poëte qui remettait la main sur le clavier de son talent, et s'assurait qu'il n'avait pas perdu le rhythme du vers lyrique en s'essayant à la prose,

Quand il revint résolûment à la grande œuvre du théâtre, renouant à la plus belle part de ses jours passés sa vie recommencée sous de charmants auspices, le sujet qui se présenta à son esprit fut en quelque sorte une suite de

Charlotte Corday. Au moment où la toile tombe
sur *Charlotte Corday*, Danton va mourir, et le
gouvernement de la France va se nommer la
Terreur; au moment où le rideau se relève sur
le Lion amoureux, Robespierre est mort à son
tour, et la Terreur se dissipe comme une vision
qui passe. La France athénienne était tombée
avec grâce sur l'échafaud de Mme Rolland, elle
renaît avec la fièvre du plaisir dans les soirées
de Mme Tallien. Même début des deux ou-
vrages, même rêve d'une république élégante,
tempérée par le goût des choses de l'esprit et
par le charme de la beauté reprenant son irré-
sistible influence. Entre les deux pièces cependant, Ponsard croyait que sa foi politique avait
fait une large évolution. Girondin dans *Charlotte Corday*, était-il en effet devenu Monta-
gnard dans *le Lion amoureux?* Ni l'un ni l'autre.
Il n'avait jamais été que le fidèle écho de tous
ses personnages. Il n'avait parlé qu'avec leur
langue, pensé qu'avec leur pensée. Cette fois
pourtant, il avait peut-être plus mis de lui-
même dans le héros du *Lion* amoureux, et, s'il
l'a fait moins vrai au point de vue de l'histoire,

2

il l'a rendu plus vrai au point de vue humain, âme vibrante, âme éloquente et profondément remuée.

Il les avait connus ces découragements qu'il a prêtés à Humbert, ces surprises, ces défaillances, ces démentis soudains que nous donnent nos faiblesses, ces contradictions que jette ironiquement la vie à la foi de nos principes. Il avait eu ces désespoirs et ces colères, ces mouvements de révolte et ces efforts pour se reconquérir. Vainqueur enfin, et rendu à lui-même, au travail, il en fait l'intérêt de son drame. Il traduit ces luttes malheureuses dans des vers d'une beauté, d'une force pénétrante, d'une intensité d'accent que son inspiration n'avait pas encore atteinte. — Hélas! et celui qui tire du fond de ses entrailles le quatrième acte du *Lion amoureux*, cette éloquence courroucée et vivante, est peut-être marqué d'un signe funeste sur le livre de la vie! Il souffre. Il se confie à la science, et la science, qui le rassure, alarmée elle-même, hésite à force de tendresse et s'avoue en secret qu'elle espère contre toute espérance.

Quoi donc! au moment de rentrer dans la carrière, le vainqueur des journées de *Lucrèce,* d'*Agnès de Méranie,* de *Charlotte Corday,* de *l'Honneur et l'Argent,* serait obligé de se retirer à l'écart! L'œuvre qu'il préparait pour son retour, qu'il avait ébauchée par tant d'endroits, qu'il pressait avec une ardeur fiévreuse, ne sortirait pas achevée de ses mains! Non! Si la mort était déjà sûre de sa proie, elle recula devant ce courage qui ne lui laissait pas de prise. La vie s'était réfugiée au cerveau et au cœur. C'est là qu'elle restait tout entière. Le cœur palpitait, épanchant ses bouillons généreux dans l'action passionnée du drame. La tête conduisait le travail de la nuit et du jour; le reste obéissait. Ponsard était debout à l'heure voulue. Il arrivait le premier parmi nous. La dent de la douleur pouvait lui arracher un muet tressaillement, lui mettre à la paupière une larme furtive; elle ne l'empêchait pas de suivre et de conseiller nos études, d'aider à cette laborieuse transformation du drame écrit en un spectacle réel, en une imitation animée de la vie. Rien d'aigre n'altérait sa patience, pas plus que rien d'amer ne passait dans son œuvre lumineuse et sereine. Toujours le même don de grâce et de sympathie, toujours la même équité, le même charme d'esprit, le même langage courageux, élevé et loyal. Avec Quiberon pour dénoûment, la pensée générale du *Lion amoureux* n'en est pas moins une pensée de concorde et de conciliation. La vérité n'y perd rien de ses droits. Chaque parti se reste fidèle à lui-même, et l'historien convaincu s'affirme en justifiant la loi sévère. Mais les vainqueurs et les vaincus sont dignes les uns des autres. Ils ont appris à s'estimer comme d'héroïques adversaires. Émigrés et conventionnels se sont reconnus de la même race en se combattant.

Quel succès que celui du *Lion amoureux !* Quel enthousiasme après la véhémente sortie d'Humbert contre la réaction thermidorienne ! Quelle joie pour les amis de Ponsard ! pour ceux dont la vieille affection datait avec lui de *Lucrèce,* et qui lui avaient préparé cette belle fête en le rendant au travail par le bonheur,

Pour ceux dont l'amitié plus nouvelle avait l'élan et l'ardeur des jeunes dévouements,

Pour cet esprit charmant qui devrait être avec nous, qui nous manque parce qu'il souffre, mais qui n'en a pas moins la première place dans cette touchante cérémonie, la place des absents cherchés par tous les yeux,

Pour celui dont vous venez d'entendre les beaux vers pleins de larmes, pour ce poëte, jumeau de gloire de votre poëte, né une heure après lui, et qui s'est toujours écarté devant son aîné avec une abnégation sans exemple, qui en a aimé les triomphes comme les siens propres et qui s'arrache aujourd'hui au deuil le plus sacré, sûr qu'une chère ombre ne lui reprochera pas ce dernier sacrifice fait à une piété plus que fraternelle !

Quelle joie pour le pays lettré d'avoir recouvré le dernier rejeton de la souche de Corneille, le seul représentant du poëme tragique dans les jours où nous sommes, le seul qui pût relever la tragédie moderne à la hauteur des grands essais de la comédie !

Quelle joie pour le poëte lui-même, qui se revoyait dans toute sa gloire et qui en reportait le juste hommage à la jeune et vaillante compagne de son existence renouvelée!

Enthousiasme de toutes parts, acclamations du parterre, applaudissements des loges, et de celle où des mains impériales applaudissaient en quelque sorte au nom de toute la France. Comptez le petit nombre à qui de tels orgueils ont été réservés! Ponsard les a éprouvés avec surabondance. La triste loi de la destinée humaine ne lui devait plus que le labeur sans plaisir et la douleur sans trêve. Dès le lendemain du *Lion amoureux*, il était à la tâche. Il écrivait *Galilée*, ce monologue épique où la poésie prête sa forme majestueuse et impérissable à la libre science.

Ah! si le Théâtre-Français n'a pas eu les débuts de Ponsard, il a eu ses dernières années et les a bien eues tout entières. C'est pour nous qu'il a courageusement tenu la plume jusqu'à la fin. C'est pour nous qu'il a arraché ses plus beaux vers à ses angoisses et mêlé les sueurs

de son dernier travail à celle de son agonie.
Mais je parle de son agonie lorsque tout parle
ici de résurrection et de fête, lorsque le poëte
que nous glorifions ne compte plus avec les mi-
sères de l'existence terrestre, quand ce corps,
que nous vous avons rendu et que vos pieuses
mains ont déposé dans le sol natal, en ressort
bronze et statue.

Arrière donc les tristes souvenirs ! Entre
dans la vie immortelle, ô poëte affranchi de
notre lourd fardeau de peines et de souillures !
Jouis de tes maux qui ne sont plus, de l'éternel
repos qui te doit être si doux, de l'admiration
sans mélange qui t'environne ! Jouis de ta
gloire, ô penseur dont le regard semble encore sonder les profondeurs de l'histoire. Mé-
dite et rêve. Continue ton œuvre dans l'attitude familière où nous t'avons connu, où nous
t'avons aimé, ou le sculpteur sincère et digne
de toi a reproduit ta fidèle image.

Reste le poëte de bon conseil et de bon
exemple. Une génération s'élève du milieu
de celle qui s'en va. Une jeune race monte
partout en séve. De tous côtés s'éveillent les

talents nouveaux. Combien sont-ils? Ils sont une foule. Ils viennent! ils viennent! ils sont venus. Apprends-leur à ne pas se jeter dans l'art comme dans une mêlée, à ne pas dédaigner l'étude patiente et qui compte avec le temps. Rappelle-leur que l'esprit est comme le chêne robuste, et porte d'autant plus fièrement sa cime vers le ciel, qu'il pousse plus profondément dans le sol ses racines mystérieuses.

Enseigne-leur le respect du passé, père de l'avenir.

Dis-leur que l'art n'est grand qu'à la condition d'élever les âmes, et que, pour élever les âmes, il faut tenir haut la sienne ; qu'à ce prix le poëte qui meurt renaît transfiguré comme toi, que son image devient une image publique, objet d'émulation salutaire, cher et légitime orgueil de la veuve qui se souvient en son cœur, titre de noblesse pour l'enfant qui grandit, titre d'honneur pour la cité tout entière.

Heureuse, ô Ponsard, la ville où tu es né ! Tu l'as rendue fière entre les villes de la mère patrie. Tu les as vaincues en son nom, et c'est par toi qu'elle a remporté le laurier de Sophocle aux derniers jeux olympiques de la France littéraire.

PAROLES PRONONCÉES

SUR LA TOMBE DE PONSARD

Messieurs,

La Comédie-Française vient à son tour appeler trois fois par son nom celui dont le corps est prêt à disparaître sous la terre, et, penchée sur son cercueil, elle prête encore l'oreille, — trop sûre, hélas! que rien ne lui répondra du fond de l'éternel silence.

Elle écoute, elle attend sans espoir ; mais cette voix qui se tait pour toujours ne nous a-t-elle pas répondu plus longtemps que nous n'osions l'espérer?

Rappelons-nous le moment où le poëte, s'arrachant aux jours perdus qui séparent les deux moitiés de sa noble carrière, recommença de vivre pour sa gloire et pour celle de la littérature dramatique : ce fut aussi le moment où il commença de souffrir.

Nous le savons, nous à qui appartient la seconde période de son talent, nous à qui il a donné depuis deux ans tout ce qu'il a disputé de lui-même à la douleur, tout ce qu'il a pu reprendre de sa vie à la mort.

Oui, voilà tantôt deux ans, — c'était en 1865, au commencement du mois où nous sommes, — nous l'avons vu venir à nous avec le manuscrit inachevé du *Lion amoureux*, et déjà nous étions vaguement avertis que sa santé ne lui permettrait peut-être pas de terminer son travail à heure fixe, que son désir de renaître à lui-même lui faisait illusion sur ses forces, et que, s'il arrivait à Paris pour prendre date avec nous, il y arrivait surtout pour consulter la science qui guérit, ou du moins qui promet encore la guérison lorsqu'elle n'y croit plus. Il était atteint par deux côtés à la fois, dans son esprit et dans son corps.

Sur son esprit pesaient huit années de découragement et la défiance de soi-même, avec toutes les chimères qu'elle enfante. C'était là le malaise qu'il ne dissimulait pas, la souffrance apparente et visible. Quant à l'autre, semblable au Lacédémonien dévoré par le renard qu'il cachait sous sa robe, en proie à l'ennemi secret, Ponsard était rongé sourdement, mais sans être vaincu, et il pouvait défier la douleur de lui arracher une plainte.

Ainsi, il était arrivé à Paris après une longue nuit de voyage ; il avait à peine pris le temps de se reconnaître pour venir causer du manuscrit qu'il apportait ; il avait lu les quatre premiers actes de sa pièce avec une force sans défaillance ; le soir du même jour, il assistait encore au spectacle, et, après tant de preuves d'énergie, il pleurait. Pourquoi pleurait-il ? Il pleurait (la jalousie n'était pour rien dans ses larmes), il pleurait des applaudissements qu'il donnait le premier au *Supplice d'une femme*. « Hélas ! disait-il, la vie est là. Elle palpite, elle tressaille. On la sent sous la main, et ce que j'ai fait n'a pas la vie ! »

Il se trompait ; l'événement le lui a prouvé. Si la vie n'était pas encore dans son œuvre incomplète, il y avait déjà mis la grandeur, la force de la pensée, l'élévation et le charme. Bientôt il y mit par surcroît ce flot de la séve et du sang qui s'épuisait à son insu dans ses veines. Ce qui allait vivre, c'était son drame, et la vie qu'il donnait à son œuvre se retirait de lui.

Encore un jour, et il n'y avait plus à douter du malheur qui menaçait les lettres. La science, que le poëte avait consultée, avait trop bien reconnu le mal et pâli en le reconnaissant. Le monstre était nommé. On comptait les mois, on comptait les heures de celui qui venait à nous pour achever de renaître par le succès, et je n'ose dire, même devant ce cercueil, à quel petit nombre on les avait limités.

O loi de rigueur, qui ne permets pas à la créature humaine de rien fonder ici-bas qui ne s'écroule, d'espérer et de se réjouir un moment sans en avoir un cruel démenti ! Ainsi,

à deux ans de distance d'une nouvelle vie et
d'une nouvelle jeunesse, à deux ans de distance d'un mariage deux fois béni, béni dans
la grâce de la femme et le premier bégaiement
de l'enfant nouveau-né, au moment où s'efface
le souvenir des années infécondes, où le bonheur se renoue et recommence, où l'auteur
de *Lucrèce* rentre, comme disait le vieux
Corneille, dans son crédit et dans sa renom-
mée, — enchantement du père et de l'époux,
doux orgueil de la gloire partagée, mirage
qui se dissipe, illusion qui s'éteint! Tout ce
qui se préparait s'arrête brusquement. Rien
de ce qui semblait une promesse ne tiendra sa
parole. La mort est là, pressante, inexorable.
Qu'importe à la mort ce manuscrit à finir, cette
page à retoucher, ce cinquième acte à con-
clure, ce quatrième acte à faire? Elle sait bien
qu'on n'est jamais prêt à la recevoir, et elle
ne permet pas qu'on la fasse attendre.

Elle attendit toutefois, ou plutôt la science,
qui condamnait Ponsard à si bref délai, n'avait
pas compté avec cette vigoureuse constitution
qui ne devait pas se laisser abattre d'un seul

coup, avec ce besoin obstiné de vivre par lequel il a reculé le dénoûment funeste.

D'ailleurs il se retrempait dans le travail comme dans la vie elle-même. Chaque fois qu'il a pu s'y réfugier, il s'y est cru hors d'atteinte. De là, presque jusqu'à la fin ces alternatives de mieux et de pis, tant de nouvelles contradictoires au début, tant de lettres successivement démenties l'une par l'autre. Mais le mal qu'il trompait un moment avait beau le reprendre par de terribles retours, le découragement littéraire ne devait plus s'approcher de lui. Le temps le gagnait de vitesse ; hors d'état de presser le pas, il perdait du terrain sans cesser de suivre à distance. Il annonçait le manuscrit du *Lion amoureux* pour le 1er septembre, et l'époque passait, et le manuscrit n'arrivait pas. Il l'annonçait pour le 10, pour le 20, pour le 30, et les mois s'écoulaient, et Ponsard lui-même n'était à Paris que le 18 décembre ; mais qu'importe ! nous nous étions fait un devoir de le rendre au théâtre. Ce devoir nous avait coûté toute l'arrière-saison perdue ; nous eût-il coûté davantage, nous n'avions rien à regretter dès que sa pièce était entre nos mains et que nous le possédions lui-même.

Triste et douloureux contentement que de l'avoir parmi nous! De quelle tendre et respectueuse sympathie nous entourions cette noble intelligence en lutte avec des douleurs sans relâche! Il les dominait pourtant alors. Il pouvait venir. Il pouvait conseiller, diriger lui-même les mouvements de sa pièce. Quand il souffrait davantage, il se taisait. Un tressaillement continuel secouait ce corps amaigri et tremblant, mais il ne semblait plus s'en apercevoir. Seul exclu du terrible secret qui nous pénétrait de compassion, il ne songeait qu'à sa représentation prochaine. Il l'eut, et il y assista quand le succès fut devenu un triomphe. Il contempla dans l'ombre d'un rez-de-chaussée ce flot du parterre qui en venait battre le bord, cette puissante agitation que soulevait le souffle de l'enthousiasme. Il ouvrit tout son cœur à la joie de cet immense applaudissement dont le signal était donné par des mains souveraines. Comment n'eût-il pas

cru alors que les mauvais présages étaient
conjurés? Le cordon de commandeur lui était
apporté au milieu d'une fête. Il allait repartir
pour sa chère colline, pour son jardin de
Mont-Salomon. Il nous promettait son *Galilée*.
Nous lui disions : « Au revoir! » en l'embras-
sant; mais tout bas nous lui adressions d'avance
un suprême adieu.

Et il est encore revenu pour travailler,
non plus avec nous, mais à côté de nous; pour
apporter son *Galilée,* se hâter dans l'impatience
de la fièvre et des jours qui se précipitent,
avoir un dernier jour de répétition, un dernier jour de victoire, — et mourir!

Il est mort! Est-ce assez pour prouver que
sa maladie n'était pas une feinte? pour en per-
suader ceux qui lui ont à peine pardonné de
survivre au *Lion amoureux* et qui se sont dé-
fendu de laisser surprendre leur admiration à
ce magnifique fragment de poëme qui s'appelle
Galilée ?

Il est mort dans la force toujours crois-
sante de son talent; plus maître, après avoir
passé par les épreuves de la vie; supérieur à

lui-même, parvenu au plus haut degré de
l'éloquence dans la passion et dans l'enthousiasme lyrique; arrivé prématurément au terme
d'une carrière trop courte, mais glorieuse-
ment remplie; heureux par ce rare privilége
d'avoir marqué deux fois sa date dans l'histoire de nos lettres et d'avoir reçu deux fois
de publiques actions de grâces pour n'avoir
pas désespéré de l'art austère; heureux
parce qu'il a été doux comme un enfant et
comme une femme; heureux enfin parce qu'il
a **souffert**, puisque l'homme s'épure dans
la souffrance comme l'or dans la flamme, et
que celui qui amasse les douleurs thésaurise
pour les cieux.

Dors en paix, cher et grand poëte! Dors,
toi qui as tant besoin de repos! Ton nom est
un des plus dignes et des plus beaux qui puis-
sent rester dans la mémoire des hommes. Une
pieuse amitié a recueilli ta mort et n'a cédé
à personne les affres de ta dernière heure.
Ceux qui t'ont connu t'ont bien aimé, et leur
affection te sera toujours fidèle. Ton œuvre
protége ceux en qui tu laisses ton cœur, et

par elle tu restes tutélaire et présent parmi
eux.

Adieu, Ponsard, auteur de *Lucrèce !*

Adieu, Ponsard, auteur de *l'Honneur et
l'Argent!*

Adieu, Ponsard, auteur du *Lion amoureux* et de *Galilée.*

ÉDOUARD THIERRY.

9 juillet 1867.